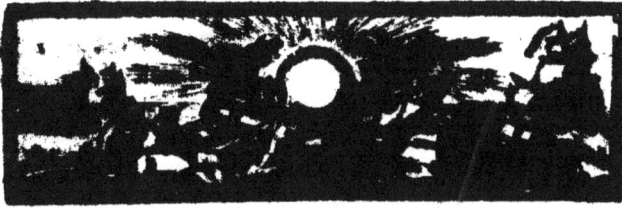

MÉMOIRE

Pour $\mathcal{L}ovis$ *BONNEAU, ci-devant Administrateur du District, à ses Concitoyens;*

Contre ses Dénonciateurs et Complices.

S<small>I</small> le crime étoit en majorité sur la terre ; si la vertu persécutée n'avoit plus d'asyle et de défenseurs, mes ennemis pourroient consommer leur iniquité ; mais la justice est là, et le Patriote sans reproche peut encore braver les scélérats sans les craindre.

L'accusation qu'ils ont portée contre moi , comme dilapidateur d'effets nationaux , est moins dirigée par le vœu sincère de servir la République, que dans le dessein perfide de lui porter de nouveaux coups en écrasant ses plus ardens amis. Ma conduite révolutionnaire est connue, l'Aristocratie se fût démasquée, si elle eût cherché à y porter quelqu'atteinte ; mais, fertile en expédiens, elle a trouvé des anonymes et des amis qui l'ont servie pour me supposer des crimes ; elle ne s'embarrasse pas du choix des moyens, si les premiers

A

qui se présentent peuvent lui assurer le résultat qu'elle espère ; dénaturée , pétrie de fiel et de cruauté , méconnaissant la Patrie qui lui pardonne le sang qu'elle a fait couler à ses enfans les plus chers , elle cherche à la couvrir d'un nouveau deuil. La clémence a son terme ; si l'une se montre incorrigible , l'autre doit la frapper d'une main juste et sévère , et l'écraser du coup terrible réservé aux coupables.

Lorsque le gouvernement monarchique avoit ses prôneurs, ses privilégiés et ses loix qui n'étoient pas égales pour tous , qui pesoient seulement sur ceux qui n'étoient pas initiés dans les mystères , ou qui avoient dédaigné d'y prendre part ; les hommes de bien qui le raisonnoient, gémissoient en silence sous les abus dont ils étoient opprimés ; mais ne tardant pas à s'appercevoir de la foiblesse de ce gouvernement et de la possibilité qu'il y avoit à l'attaquer , ils saisirent avec audace le moment heureux où ils purent mettre avec avantage la vertu et la justice en opposition avec le crime et l'orgueil ; la liberté , l'égalité et la souveraineté du Peuple avec le despotisme du Tyran et l'usurpation d'une cour corrompue ; dèslors ils formèrent le projet de la plus belle Révolution qu'ait jamais vu l'univers ; les principes mis en avant embrasèrent tous les cœurs nés pour l'indépendance : toute foible que fut la minorité , elle eut assez de courage et de dévouement pour cette grande entreprise , et pour annoncer hautement l'avenir qu'elle nous préparoit ; ils ne s'effrayèrent ni des menaces ni des supplices du gouvernement qu'ils poursuivoient ; l'idée consolante de servir la Patrie et de rendre la postérité heureuse , les soutint et leur fit braver les dangers. La liberté et la raison firent des progrès et la minorité devint puissante ; les hommes à privilèges qui vouloient être plus que des hommes, regrettoient le pouvoir qu'ils voyoient s'échapper de leurs mains ; tout fut mis en œuvre pour le conserver ; on emprisonna d'abord les patriotes, on les calomnia ensuite ; ceux qui ne le furent que pour l'amour de leur pays triomphèrent. Le temps vint où on ne gagnoit plus à se montrer partisan du régime abattu ; tout d'un coup les modérés, les aristocrates se firent révolutionnaires par excellence, et portèrent l'excès jusqu'à dégoûter de la Révolution par les assassinats dont ils ont été cause, en faisant regarder les premiers amis de la liberté comme des modérés eux-mêmes ou des conspirateurs à gages : la Convention les a connus ; elle a repris les rênes du gouvernement, et elle a réellement mis la probité et la justice à l'ordre du jour ; et les ennemis du nouvel ordre de choses se disent actuellement les hommes probes et justes par exclusion, et pour le mieux prouver, ils veulent trouver des dilapidations, des délits où il n'y en eut jamais l'apparence.

On voit que ces êtres indignes du nom d'homme, quoiqu'ils ayent souvent changé leur manière d'agir, n'on pas pour cela changé de caractère ; que sous quelque forme qu'ils se soient montrés, ils ont toujours eu la soif de dominer et l'envie de détruire la liberté publique et les patriotes à qui ils ne pardonneront jamais.

Plus humain que mes dénonciateurs, je ne demande pas comme eux qu'on couvre la France de nouvelles bastilles, qu'on forme des attelliers pour forger des fers aux François ; une nation qui les a brisés sur la tête de son tyran, ne doit plus en porter : mais au moins si le gouvernement trouve juste de pardonner à ceux qui se sont opposés de

tout leur pouvoir à son établissement ; qu'il ne souffre pas
qu'on leur laisse l'occasion de nuire encore.

Dénoncé au Tribunal criminel, il ne me suffit pas de montrer aux magistrats et mon innocence et les hommes qui
cherchent à me perdre, il faut aussi que tous ceux qui
ne nous connoissent pas jugent entre nous, et que l'infamie qui les attend soit gravée sur leur front en caractères indélébiles ; la loi que j'ai pour moi, la tranquillité
de ma conscience, ma probité me disent assez qu'ils ne
peuvent l'échapper.

FAITS.

En 1793, une dénonciation anonyme a été faite contre
moi, contre les citoyens Tirand, et Granger notaire, au
ministre de l'intérieur ; cette dénonciation annonçoit de
l'importance par son titre ; on m'accusoit de m'être fait
adjuger dans le nom d'autrui des effets précieux, à la
vente de Mocet, émigré ; que j'en avois adjugé à Lemoine
et Deschamps mes parens, à un prix bien au-dessous
de leur valeur, entr'autres la bibliothèque que j'aurois
dû déposer au District. Cette dénonciation fut renvoyée
au Département pour prendre des informations, qui la renvoya au District pour s'assurer de la conduite de Tirand ;
il connoissoit mon innocence et ma probité ; un de ses
membres qui s'étoit trouvé à cette vente rendit compte de
la manière et de la justice avec lesquelles j'avois opéré.

Quoique malade, lorsque cette dénonciation arriva au
District, je m'empressai de m'y rendre aussitôt que j'en
fus instruit, je sollicitai moi-même la nomination d'un commissaire pour remplir les vues du Département, et quoiqu'il ne fut pas question de moi, incapable de laisser

planer le moindre soupçon sur mon compte, je demandai
à être compris dans l'information. Minier eut la commission dont il ne s'acquitta qu'à la fin d'Août 1793,
(v. s.); il devoit se borner à demander la vérité, et à la
laisser dire par ceux qu'il appelloit en témoignage. J'avois
été un des premiers sur la scène de la révolution, Minier
avoit été tardif, il auroit eu honte de n'avoir pas trouvé
des crimes à des patriotes; il falloit réussir, et pour y
parvenir, il commença par faire manger quelques-uns des
témoins chez lui, et finit par jetter la terreur dans l'ame
des autres, en les menaçant de l'échafaud. Ce langage
étoit très-familier à ce citoyen, dans le temps où la terreur étoit un mérite, et le mot d'ordre des révolutionnaires modernes.

Le procès-verbal fait par Minier, fut déposé au District; à l'instant même, je demandai à l'Administration
de me juger, parce que prévenu, je ne pouvois plus dé-
libérer avec elle; j'eus la satisfaction de la voir se lever
toute entière en ma faveur, et de l'entendre déclarer d'une
voix unanime, qu'elle reconnoissoit ma probité, mon patriotisme et mon innocence; elle m'engagea à rester dans son
sein. Vaulivert membre du Département, alors en commission
à Chinon, fut témoin de cet acte de justice. L'inflexibilité
de mes principes, mon courage à défendre la révolution,
m'ont porté à rappeller à leurs devoirs quelques-uns de ceux
qui s'en sont écartés, et comme la vérité offense, ceux
même qui parlèrent le plus avantageusement de moi, sont
devenus les instrumens secrets de la poursuite de mon
affaire, avec une lâcheté indigne de l'honnête homme. Je
n'en dis pas plus à cet égard, ma retraite de l'Administration explique assez quels en ont été les motifs,

et je laisse à une plume plus exercée de les développer avec force pour l'intérêt des Administrés et de la Patrie.

Je ne me contentai pas de la décision de mes collègues sur cette affaire, je la consultai successivement aux Représentans du peuple Guimberteau, Ichon, Champigny et Clement, qui n'y trouvèrent aucun motif de blâme, et notamment au Représentant Tallien qui déclara ouvertement que l'intention de la Convention, par sa loi du deux Janvier 1793 (v. s.), n'avoit été que d'arrêter la cupidité des huissiers-priseurs, et non pas d'empêcher un citoyen, dont la probité et le patriotisme étoient reconnus, d'acheter à leur valeur quelques effets d'utilité, lors même qu'ils seroient commissaires aux ventes, parce que le Législateur ne vouloit que prévenir le délit, et qu'il ne pouvoit pas en supposer dans la conduite d'un homme élu par le peuple, lorsqu'il y avoit aussi peu d'avantage pour lui.

D'après l'avis de quatre Représentans, d'après l'action même qui n'étoit défendue par aucune loi, je pouvois et je devois rester tranquille ; mais le crime qui ne sommeille jamais, préparoit ses batteries dans l'ombre du mystère. On envoyoit la dénonciation et l'information de Minier à l'Accusateur public, qui de suite l'a renvoyée au directeur du Juri pour informer contre moi ; et le directeur qui ne doit son élevation qu'à la honteuse concurrence qu'il a eue avec un homme condamné aux fers, n'a négligé aucuns moyens pour trouver un coupable ; on ne s'étonnera plus de sa conduite, quand on le connoîtra et qu'on sera convaincu que je suis patriote. S'il avoit examiné la loi du 2e Janvier, l'époque de sa promulgation, celle des ventes, il auroit vu qu'il n'y avoit point de délit, et que quand il

y en auroit eu us, conformément à l'art. 14 des droits
de l'homme , « nul ne pouvant être jugé ni puni pour un
délit commis antérieurement à la promulgation de la loi,
et qu'en agir autrement, ce seroit une tyrannie, un crime » ,
il n'auroit pas commencé une affaire qui coûte beaucoup
à la République par l'audition de quarante témoins , et
qu'on a présentée au peuple comme un crime capital qui
devoit m'enlever l'honneur et la liberté.

Ma cause se réduit à trois questions. La première : suis-je
coupable d'avoir acheté des effets à la vente de Mocot.

En ai-je adjugé à vil prix, dans le nom d'autrui, pour
me les approprier ?

Si je l'ai fait, ai-je commis un crime condamné par la loi ?

Au mois d'Octobre 1792 (v. a.), je fus nommé commissaire par le District de Chinon , pour faire la vente
de Mocet , émigré, la première du District. Je la com-
mençai, le 28 du même mois , époque à laquelle le terri-
toire françois fut envahi par les puissances du nord ; la
terreur étoit dans les esprits, les ames foibles croyoient
la France vaincue, les aristocrates le disoient hautement
et le faisoient dire par leurs agens ; déjà suivant eux le
despote remontoit sur son trône, et les émigrés se ren-
doient pour nous donner des fers. Je me servis de mon
énergie , je prouvai l'imposture de nos ennemis, je pro-
mis d'acheter des effets , je tins parole , pour donner
l'exemple ; (1) je parvins à persuader ; voilà mon crime aux
yeux de mes adversaires. Il es clair ; je faisois vendre

(1) Convaincu que j'aurois pu gêner la liberté , en mettant sur
les objets, je n'achetai pas moi-même. mais je me fis céder des
effets , pour environ deux cent trente livres , par la citoyenne

malgré eux et leurs intrigues les meubles de leurs bons amis.

Je vendis la bibliothèque ; il n'y avoit aucune loi qui le défendît ; ma commission n'en disoit rien, et si elle a été vendue à bas prix, c'est qu'elle n'avoit pas beaucoup de valeur. Les citoyens Forest, Vaulivert et autres s'y trouvèrent ; ils pouvoient y mettre, puisqu'elle fut vendue dans l'après-midi, et de la même manière que tout le reste. L'acquéreur, Lemoine, y a trouvé tant de bénéfice, qu'il a offert, il y a un an, de la remettre au District, en lui rendant son argent ; la Société populaire peut en rendre témoignage ; voilà la pure vérité, je défie qui que ce soit (mes persécuteurs exceptés,) de tenir un autre langage. On n'a osé dire que tout n'a pas été vendu ; la vente comparée à l'inventaire auroit prouvé le faux. On n'a pas non plus vendu à vil prix, puisque le montant de la vente excède l'estimation de plus d'un tiers, et ce n'est pas peu, en se reportant à l'époque où nous nous trouvions alors.

Je passe à la vente de Roncé, il ne me sera pas difficile de prouver que je ne suis pas plus coupable dans cette opération que dans la première.

Je fus nommé Commissaire le 28 Janvier, pour faire le recensement des objets inventoriés dans cette maison, et procéder de suite à la vente ; je partis de Chinon avec l'Agent national du District, qui étoit chargé de recevoir les comptes de l'agent de l'émigré ; le 29 nous fîmes notre opération, et enlever par l'archiviste du District, la bibliothèque et les effets propres aux hôpitaux ; je com-

___

Robin, le citoyen Demarcé, fripiers, et Girard-Theneuil, avec toute la publicité possible ; ces effets étoient des plats, rideaux de lit et autres de nécessité dans le ménage.

mençai

monçai la vente le 9 Février, et quoique j'eusse le droit de la faire par criée comme chez Mocet ; la Loi du 2 Janvier m'étant connue que par les journaux, instruit par l'exemple qu'il s'élevoit des difficultés lors de l'adjudication pour savoir à qui appartenoit la dernière enchère, je pris le parti d'opérer à la chaleur des feux, pour les objets qui passoient cent livres.

La loi n'étant pas promulguée, je pouvois acheter à cette vente, je n'en fis rien, je ne mis pas une seule enchère. Je vais expliquer le fait du sopha et des six fauteuils qu'on me reproche de m'être fait adjuger dans le nom d'autrui, et à vil prix : ils ont été vendus au feu, il en a été allumé huit pour ce seul objet ; le citoyen à qui ils furent adjugés les avoit si peu acquis pour moi, qu'il a été assigné par Thibault, ancien receveur de la Régie à Chinon, pour les lui livrer d'après l'ordre qu'il lui avoit donné de les acheter pour lui (1).

Le lendemain de leur vente, les citoyens Robin, Ponneau, Gouin et veuve Cailler décidèrent Guiet, acquéreur, à les céder à mon épouse, et celle-là à les prendre ; elle m'en parla, je témoignai hautement et publiquement ma répugnance à cette cession, et je dis à Guiet qu'il pouvoit les vendre à d'autres ; ce citoyen se plaignit même de la dureté de mes expressions ; cependant après des sollicitations, mon épouse fit le marché, et sur mon opposition à en donner la valeur, ma mère fit les avances.

Herbelin, actuellement commissaire des guerres, peut attester ce fait, il étoit présent, j'en appelle à son témoignage.

---

(1) Voir la vente et la déposition de Guiet à ce sujet.

B

La dénonciation anonyme n'avoit pas produite l'effet qu'on en attendoit. Dumaine dont j'aurai lieu de parler dans la suite, du fond du cachot justement fermé sur lui, la renouvella au comité de surveillance de Chinon, dont j'étois membre ; je voulus encore m'en éloigner, tous mes collègues me firent rester, et déclarèrent que j'avois leur confiance.

Quant aux objets que j'ai, dit-on, adjugés à Lemoine et Deschamps mes parens, ils ont été vendus au feu et en pleine vente, je n'ai pu les favoriser ni les empêcher d'acheter, ils étoient libres de le faire.

Je reviens aux questions : suis-je coupable d'avoir acheté des effets à la vente de Mocet ? non.

Parce que, 1.° il n'y a point de délit où il n'y a point de fraude, et on ne peut pas supposer qu'un citoyen qui a fait pour sa patrie tous les sacrifices pécuniaires, moraux et physiques qui étoient en son pouvoir, ait eu l'intention de lui faire tort d'aussi peu de chose. Comment, j'ai acquis ou l'on m'a cédé pour deux cent trente livres d'effets chez Mocet, rien ne me le défendoit, et on veut faire croire que j'ai voulu tromper la République en me les faisant adjuger à vil prix ? à combien peut-on porter la vilité ? Que les méchans la mettent à la moitié ; j'aurois donc voulu m'approprier cent quinze livres ? Hommes justes, magistrats vertueux, c'est à vous que j'en appelle !

2.° Quand il y auroit eu lieu à présenter un délit, monstres, vous avez manqué votre coup ! la Loi n'en trouve pas, et s'il y en a, elle ne peut pas le punir, parce qu'elle n'a pas d'effet rétroactif, la Voici :

Déclaration des droits de l'homme, article XIV. » Nul » ne pourra être jugé ni puni qu'après avoir été entendu

» ou légalement appellé , et qu'en vertu d'une loi promul-
» guée antérieurement au délit , la loi qui puniroit des
» délits avant qu'elle existât , seroit une tyrannie , l'effet
» rétroactif donné à la Loi seroit un crime ».

La vente faite chez Mocet , date du 28 Octobre 1792 ;
la loi qui défend aux commissaires d'acquérir , est du 2
Janvier 1793 (v. s.) , deux mois quatre jours après.

A la seconde , en ai-je adjugé à vil prix dans le nom
d'autrui pour me les approprier ? non.

Les fauteuils et le sopha adjugés à Guiet , ne l'étoient
pas pour moi ; ils n'ont point été vendus à vil prix , ils
l'ont été publiquement sur huit feux , et acquis pour Thibault ; ce n'est que le lendemain que mon épouse se les
fit céder , et qu'ils furent payés par ma mère sans mon
consentement.

Les formes n'eussent-elles pas été remplies , la justice
même eût-elle été blessée (ce que je n'aurois jamais souffert) ?
la loi du 2 Janvier ne m'atteignoit pas , elle n'étoit point
promulguée , l'extrait ci-joint le prouve.

Du registre des enregistremens des loix de la commune
de l'Isle-Bouchard , section du Sud , a été extrait ce qui
suit :

Envoi du 9 février 1793 (v. s.) , enregistré et promul-
gué le dix dudit mois , lequel contient entre autre la loi
relative à la vente des meubles provenans de la liste ci ile
des émigrés et autres meubles nationaux , du 2 Janvier
1793 , sous le n.° 76 , signé au registre , Deschamps ,
maire , Pecheselle , Tavau , Boucher , officiers municipaux ,
Palu , procureur de la Commune.

B 2

. La vente de Roncé est du 2 janvier 1793 (v. s.), huit jours avant la promulgation de la loi au chef-lieu de canton.

Troisième question : si je l'ai fait, ai-je commis un crime condamné par la loi ? non.

La loi ne peut et ne doit punir qu'un délit antérieur à sa promulgation ; elle n'étoit pas promulguée à l'époque de la dernière vente, elle n'étoit pas rendue lors de la première ; je ne suis donc coupable ni à ses yeux, ni même à ceux de ses plus cruels ennemis et des miens.

D'ailleurs, je le répète, peut-on me supposer d'avoir eu l'intention de bénéficier sur la République, d'une somme qui, quelque exagération qu'on pût mettre, ne pourroit pas monter à cent vingt livres, sur-tout lorsque j'ai rempli les formes de la loi, et que j'ai mis le plus grand scrupule et la plus sévère justice dans toutes mes opérations.

Si l'Agent national du District avoit été ami de l'innocence, s'il avoit voulu examiner les loix, s'il avoit consulté l'administration du District, s'il se fût fait représenter les deux ventes, s'il avoit sur-tout descendu dans son cœur, et qu'en écartant ses passions il se fût rappellé de la pureté de mes sentimens, il n'auroit point envoyé les pièces de cette affaire à l'accusateur public, et il auroit rendu un service à sa patrie en lui épargnant les frais d'une information coûteuse.

Si l'on veut maintenant entrer dans le mérite de la dénonciation, on verra quel motif l'a dirigée, et quelle confiance elle doit avoir.

J'ai d'abord été dénoncé par un homme qui se dit de Ste. Maure, il n'y existe personne de son nom.

Je l'ai été ensuite par Dumaine, de qui plus que probablement la dénonciation étoit l'ouvrage ; ce Dumaine étoit un inspecteur des domaines, sa conduite dans tous les temps a été diamétralement opposée à la Révolution ; lorsque les brigands envahirent Chinon, il s'y rendoit, il en fut averti à l'Isle-Bouchard, il ne laissa pas de continuer sa route ; arrivé, il eut seul la grace d'avoir son cheval dont les brigands s'étoient emparés ; il fit verser le reliquat du receveur de l'agence entre les mains des rebelles, au nom de louis XVII ; il prit un passeport pour voyager dans le pays révolté, il venta leurs principes à Richelieu ; il vivoit dans la même pension que l'agent national son ami et celui de Champeigné, directeur du juré ; le nommé Hedault, mort dans les prisons, prévenu d'avoir pris part à la révolte lors du recrutement des trois cent mille hommes, et d'avoir foulé la cocarde nationale au pied, vivoit avec eux.

Ce Dumaine a été traduit au tribunal révolutionnaire à Paris, et il ne doit sa liberté qu'à l'heureuse révolution du 9 Thermidor. Si elle a mis la Convention nationale dans le cas d'être généreuse et de pardonner à ses ennemis, elle n'a pas changé la perversité de leur ame et leur amour au retour de l'ancien régime.

Je ne ferai aucune reflexion sur cette association, je laisse aux esprits justes à en apprécier les motifs ; ceux de ma dénonciation et de sa suite.

Je vais maintenant mettre ma conduite en opposition avec l'esquisse de celle de mes persécuteurs, et on verra leur but.

J'embrassai fortement les principes de la révolution dans son commencement. Je fus élu le premier maire de ma commune, j'en ai rempli les fonctions pendant trente-deux mois, sans reproches ; j'ai toujours été électeur ; j'ai été appellé à l'administration du District où j'ai rempli mes devoirs , où aucune épuration n'a pu m'atteindre , et j'y serois encore si je n'avois donné ma démission ; le devoir de citoyen m'ayant imposé de quitter une fonction dans laquelle je ne pouvois faire aucun bien.

J'ai un fils unique que j'aurois pu placer, comme bien d'autres, loin des armées ; la patrie avoit besoin de ses bras , je les lui donnai dès le commencement de la guerre, et il est à son poste. J'ai offert dans les premiers enrôle-lemens de donner cent livres par an jusqu'à la fin de la guerre , aux pères et mères des enfans de ma commune qui s'enrôleroient ; je tiens ma parole, je ne parle pas des autres dons pécuniaires, ils sont consignés en partie sur des registres publics. J'ai été au surplus dans tous les temps bon citoyen ; si j'avois besoin du certificat de tous mes concitoyens pour l'attester et pour prouver ma pro-bité avant la révolution , mon intégrité , mon patriotisme, mon ardeur et mon dévouement à la servir depuis qu'elle est commencée , ils s'empresseroient tous de me l'accor-der ; qu'on consulte enfin les sociétés populaires de Chinon et l'Isle-Bouchard.

D'après toutes ces vérités , j'espère que malgré la ca-lomnie qui m'attaque , les intrigans qui m'accusent, les faux patriotes qui me dénoncent et me poursuivent au nom du patriotisme, la confiance des hommes vertueux ne sera point ébranlée à mon égard, que le masque des hypo-crites sera arraché, que l'amertume dont ils cherchent à m'abreuver retombera sur eux, et qu'ils n'auront d'autres fruits de leurs efforts que l'impuissance de réussir, et la honte et les remords de leurs crimes s'ils sont capables de les sentir.

Je me persuade aussi qu'après l'examen des pièces et des faits, que l'accusateur public, convaincu de mon innocence et pénétré de la loi, me rendra justice, en déclarant qu'il n'y a pas lieu à faire suite à la dénonciation portée contre moi, et que, comme tout le reste des bons citoyens, il vouera au mépris et à l'indignation publique, les méchans qui m'outragent.

L. BONNEAU.

(*N. B.*) On a aussi dénoncé le citoyen Granger, patriote reconnu et à toute épreuve, et on a cherché à le faire regarder comme commissaire, quoiqu'il ne fut réellement que mon scribe, conséquemment dans le cas d'achètes, quand la loi auroit été promulguée et en vigueur. On voit par là, jusqu'où les dénonciateurs et leurs affidés ont porté la malice, et la rage de persécuter les patriotes.

A Tours, de l'imprimerie d'Auguste Vauquer & Lhéritier, Imprimeurs du Département.